Winterliche

Fensterbilder

aus Tonkarton

Armin Täubner

Tonkarton und -papier

Fensterbilder werden überwiegend aus Tonkarton gearbeitet. Tonkarton ist formstabiler und weniger lichtdurchlässig als Tonpapier. Die Lichtdurchlässigkeit spielt allerdings nur bei mehrfarbigen Fensterbildern eine Rolle.

Werden Motive aus mehreren Papierteilen zusammengeklebt, sind die darunterliegenden Teile als scharf abgegrenzte, dunklere Bereiche sichtbar, was sich als überaus störend auf den Gesamteindruck auswirken kann. Tonpapier eignet sich für kleinformatige, einfarbige Fensterbilder. Je größer die Fensterbilder sind, desto wichtiger ist die Verwendung von Tonkarton, wobei unter Umständen sogar zwei Kartonteile aufeinandergeklebt werden müssen, um die benötigte Formstabilität zu erreichen. Bei mehrfarbigen Fensterbildern haben Teile aus Tonpapier vorwiegend dekorative Funktion, d.h. es werden nur kleine, nicht tragende Teile daraus gearbeitet, z.B. Blüten, Schmetterlinge etc.
Weder Tonpapier noch Tonkarton sind lichtecht, d.h. die Farben bleichen aus.

Schneidewerkzeuge

Neben der Schere, an die wir unwillkürlich denken, wenn Papier geschnitten werden soll, gibt es noch verschiedene Messer und Klingen, die für manche Schneidearbeiten unerläßlich sind.

Scheren

Für unseren Zweck kommen drei verschiedene Ausführungen in Frage:

- **Die spitze, mittelgroße Schere,** mit der die Motive aus Papier oder Karton zunächst grob und die Umrisse großenteils exakt ausgeschnitten werden.
- **Die spitze, kleine Schere,** mit der feinste Schnitte möglich sind. Sie ist jedoch für Tonkarton ungeeignet.
- **Die Nagelschere,** damit werden Rundungen und Wölbungen aus bereits ausgeschnittenen Figuren und Formen herausgeschnitten.

Cutter- und Bastelmesser

Diese Messer haben eine lange, verschiebbare Klinge, von der jeweils das vordere Stück abgebrochen werden kann, wenn die Spitze stumpf bzw. abgenutzt ist.

Schneidefedern sind ebenfalls brauchbar, vorausgesetzt, sie sitzen fest in der Halterung. Mit dem **Messer** können exakte Schnitte an den für die Scheren schwer bzw. unzugänglichen Stellen ausgeführt werden. Vor allem, wenn aus einer bereits ausgeschnittenen Form beispielsweise Fensteröffnungen oder Muster herausgeschnitten werden sollen, kann auf das Messer nicht verzichtet werden.

Rein technisch können diese Schnitte manchmal auch mit der Schere ausgeführt werden, doch bekommt der Tonkarton dann unerwünschte Druckstellen, Knicke oder unsaubere Ränder.

Wer etwas Übung mit dem Messer hat, gibt bei fast allen anfallenden Schneidearbeiten schon bald dem Messer gegenüber der Schere den Vorzug.

Die **Handhabung** ist sehr einfach. Das Messer wird wie ein Füllfederhalter oder ein Kugelschreiber gehalten und zügig über Papier und Karton geführt. Die Schneidefeder, die entweder in einem Federhalter oder einem Griffstück für Linolschnittwerkzeuge sitzt, wird ebenso gehalten.

Das **Teppichmesser** mit seinem breiten Griff und der ebenfalls breiteren Klinge läßt sich nicht so leicht und sicher handhaben, kann aber zur Not auch verwendet werden.

Als **Schneideunterlage** dient ein Karton oder ein Holzbrett. Ist die Unterlage durch viele Schnitte zerfurcht, besteht die Gefahr, daß die Klinge beim Ausschneiden abgelenkt wird. Deshalb bitte darauf achten, und die Unterlage rechtzeitig auswechseln.

Für lange, gerade Schnitte ist zusätzlich noch ein **Stahllineal** notwendig. Die Messerklinge wird auf eine Länge von 3 bis 4 cm herausgezogen und dadurch viel flacher auf das Papier bzw. den Karton aufgesetzt.

Es gibt zwei Möglichkeiten, das Messer zu halten: Entweder so, wie man ein Schreibwerkzeug hält, nur erheblich flacher, oder der Messergriff verschwindet fast vollständig unter der gewölbten Hand, während der Zeigefinger Druck auf die Klinge ausübt. Plastik- und Holzlineal eignen sich nicht, weil sie von der Klinge schnell verschrammt werden.

Sonstige Werkzeuge und Hilfsmittel

Pinzetten

Sie sind sehr hilfreich beim Handhaben kleiner Teile, beispielsweise beim Ausschneiden und Aufkleben von Nasen, Augen u. ä.

Wäscheklammern

Mit ihnen werden frisch angeklebte Teile bis zur Trocknung des Klebstoffes fixiert und so am Verrutschen gehindert.

Klammerhefter

Sollen zwei identische Teile aus Papier oder Karton ausgeschnitten werden, einfach zwei Lagen aufeinanderlegen, grob das Motiv ausschneiden und außerhalb des Umrisses beide Papiere bzw. Kartons mit einigen Klammern zusammenheften. Beide Teile können nun nicht mehr verrutschen und lassen sich sauber mit Schere oder Messer ausschneiden.

Radiergummi und Radierstift

Sie werden sowohl für das Entfernen der Bleistiftumrisse als auch für das Ausradieren von Klebstoffspuren benötigt. Beim Zusammenkleben der Fensterbilder entstehen immer wieder einmal Klebstoffränder oder -flecken.

Solange der Klebstoff nicht fest ist, werden größere Kleckse abgetupft und anschließend wegradiert. Dies klappt vor allem bei glatten Kartonoberflächen sehr gut. Kleine Klebstoffflecken, die mit dem Radiergummi nicht erreichbar sind, werden mit dem Radierstift entfernt. Radierstifte sehen ähnlich wie Bleistifte aus und lassen sich ebenso anspitzen. Am besten eignen sich dafür Glasradiergummis. Aufgetrocknete Klebstoffflecken lassen sich mit dem Messer abkratzen, oder man klebt einfach einen kleinen Schmetterling, eine Blüte o. ä. darüber.

Herstellen von Schablonen

Die Konturen werden mit spitzem Bleistift auf Transparentpapier übertragen und grob ausgeschnitten. Konturen von Fenstern, Kreisen und Halbkreisen evtl. mit Lineal bzw. Zirkel auf das Transparentpapier zeichnen. Anschließend klebt man diese Umrisse auf stärkeres Papier und schneidet sie mit Schere oder Messer exakt aus. Mit Hilfe dieser Schablonen werden die Umrisse auf Tonkarton bzw. -papier übertragen und dann ausgeschnitten.

Ausbalancieren der Figuren

Sie werden vorsichtig zwischen Daumen und Zeigefinger ausbalanciert. Wenige Millimeter vom Rand entfernt werden an den so gefundenen Stellen die Aufhängelöcher eingestochen.

Stechen und Stanzen der Aufhängelöcher

Unter die zu durchstechende Kartonfigur einen oder besser mehrere dicke Kartons legen. Die markierte Einstichstelle entweder mit einem **Stechzirkel** oder einer **Radiernadel** durchstechen. Zur Not kann auch eine **Reißzwecke** verwendet werden. Reißzwecken haben jedoch den Nachteil, daß beim Einstechen die Einstichstelle verdeckt wird, so daß die Reißzweckenspitze zunächst schräg angesetzt werden muß.

Ist das Loch in der Kartonfigur erst einmal vorhanden, kann es ohne Kartonunterlage durch tieferes Einstechen und gleichzeitiges Drehen des Stechgegenstandes vergrößert werden.
Nachträglich können diese Löcher, vor allem bei großen Fensterbildern, mit der **Lochzange** erweitert werden.

Ausschneiden von zwei identischen Kartonformen

Zunächst wird eine Form mit der Schablone auf Karton übertragen und grob ausgeschnitten. Ein weiteres Kartonstück derselben Farbe wird mit dem Klammerhefter daran befestigt. Sämtliche Klammern befinden sich außerhalb der aufgezeichneten Form. Mit dem Messer, teilweise auch mit der Schere, werden die Umrißlinien nachgeschnitten.

Aufhängefaden

In diesem Buch wird vorwiegend farblich passendes dünnes Nähgarn verwendet. Dünner Nylonfaden eignet sich nur für relativ schwere Kartonfiguren, denn er fällt nicht senkrecht, sondern ringelt sich, wenn das Gewicht der Figuren zu leicht ist.

Nach oben gewölbte Kartonränder

Sie entstehen vor allem, wenn Kartonformen mit dem Messer ausgeschnitten werden. Mit dem Rücken des Zeigefingernagels, der an den Kanten entlang gezogen wird, lassen sich die gewölbten Schnittränder problemlos glätten.

Sollen zwei gleiche Teile ausgeschnitten werden, heftet man sie mit einigen Klammern zusammen, damit sie beim Ausschneiden nicht verrutschen.

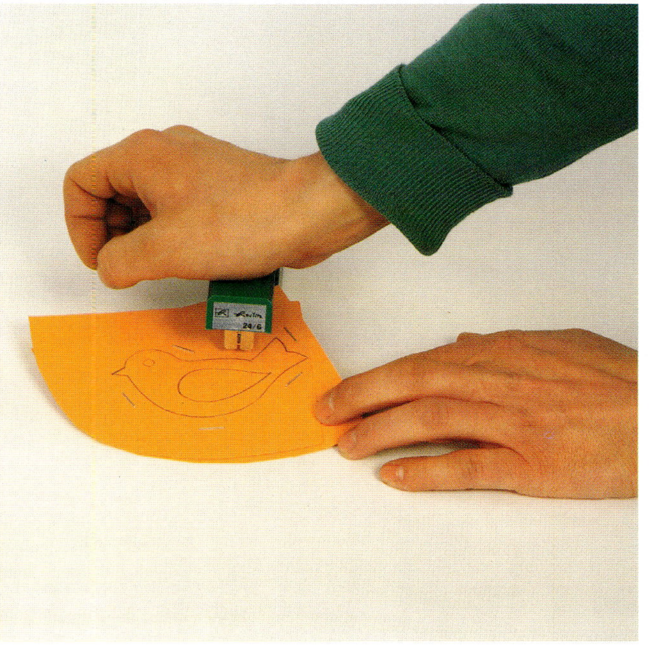

Wenn die Form grob ausgeschnitten ist, werden die Umrißlinien mit dem Messer oder der Schere exakt ausgeschnitten.

Winterfütterung im Wald

An beide Hosenteile des Jungen die Schuhe kleben. Die Hosenteile von vorne und hinten deckungsgleich am weißen Rahmen befestigen. Ein rotes Oberkörperteil auf die Hose kleben und zusätzlich noch das Gesicht und das Heubüschel fixieren, bevor das andere Oberkörperteil befestigt wird. Die Tiere doppelt ausschneiden und auf Vorder- und Rückseite anbringen.

Im Winterwald

Den Rahmen einfach, die Hasen und die Baumgruppe doppelt ausschneiden. Die Bäume und die Hasen beidseitig in den Rahmen kleben.

Der Weihnachtsmann ist unterwegs

Auf den weißen Rahmen beidseitig die grünen Baumteile und die Schneebedeckung kleben. Anschließend den Weihnachtsmann sowie den beladenen Schlitten anbringen.

Vor der Bescherung

Bis auf den Weihnachtsbaum sämtliche Teile doppelt ausschneiden.

Mädchen:
Auf den weißen Rumpf (durchgezogene Linie) das runde Gesicht und die Haare kleben. Von hinten die Hände anbringen.

Weihnachtsmann:
Auf dem roten Rumpfteil (gestrichelt) den weißen Armaufschlag, die Mützenspitze, das Haar-Bartteil sowie das Gesicht befestigen. An der Hand von hinten den Sack fixieren. Den rechten Arm des Weihnachtsmannes mit dem Sack von vorne auf den Rahmen kleben, während die Rahmenquerleiste den Fußbereich verdeckt. Von hinten den Christbaum anbringen. Nun von vorne das Mädchen aufkleben.
Soll das jetzt fertige Wandbild ein Fensterbild werden, muß auf der Rückseite zunächst der Weihnachtsmann, dann der zweite weiße Rahmen und schließlich das Mädchen fixiert werden.

Origineller Weihnachtsbaum

Aus dem grünen Baumteil mit dem Messer die kreisrunden Öffnungen herausschneiden und die Aufhängelöcher für die Herzen einstechen. Beim Einhängen der Herzen darauf achten, daß sie genau in der Mitte hängen. Christbaumständer und Kerzen auf Vorder- und Rückseite ankleben.

Und jetzt kommt eine Schneefrau

Herstellung der Schneefrau: Alle Einzelteile auf Karton übertragen, Hut und Schal zweimal und den Körper einmal ausschneiden.

Das Haus: Aus der grünen Hauswand mit dem Messer alle Fensteröffnungen herausschneiden, sowohl in der Tür als auch oben im Dachgiebel. Auf alle Fensteröffnungen die mit dem Messer ausgeschnittenen weißen Fensterrahmen und die Tür kleben. Von der Rückseite die roten Vorhänge in die Fenster einkleben. Auf Vorder- und Rückseite den schneebedeckten Boden und das weiße Dach fixieren. Den Kamin nicht vergessen. Auf der Rückseite ebenfalls zwei weiße Fensterrahmen sowie die Tür anbringen.

◁ **Was treibt wohl diese Kätzchen aus dem Haus?**

Im Erd- und im Obergeschoß mit dem Messer die quadratischen Fensteröffnungen herausschneiden und darauf die grünen Fenster samt Fensterläden sowie die Haustür kleben. Im Dachgeschoß auf der roten Fläche ein weiteres, geschlossenes Fenster anbringen. Bevor die Tür und die Fenster auch auf der Rückseite fixiert werden können, müssen die weißen Vorhänge eingelegt werden.

Auf der roten Hausfassade den grünen Fachwerkdachstuhl und die Balkendecke zwischen Erd- und Obergeschoß befestigen. Den Schornstein durch das beidseitig aufgeklebte Schneedach festhalten. Auf der linken Hausseite befindet sich ein kleiner Anbau, der auf der Rückseite der roten Hausfassade mit einem schmalen Klebstoffstreifen fixiert wird. Den Schnee auf dem Dach nicht vergessen! Das Haus zwischen die beiden weißen Bodenteile kleben. Die Tanne und schließlich die Katzen ankleben.

Adventslicht

Die inneren Bereiche lassen sich am saubersten mit dem Messer herausschneiden. Für die exakte Plazierung von Flamme und Kerzenschein alle Teile auf der Schnittvorlage anordnen und zusammenkleben.

Wir bauen noch einen Schneemann

Sämtliche Teile bis auf den runden Rahmen doppelt ausschneiden. Zur richtigen Plazierung der Figuren die Teile auf dem Vorlagebogen zusammenkleben. Für Schuhe, Katze und Kindergesichter kann Tonpapier in Schwarz und Rosa verwendet werden.

Bescherung im Wald

Alle Teile bis auf den ovalen Rahmen, das rosa Gesicht und das Heubüschel in der Hand des Weihnachtsmannes doppelt ausschneiden. Auf Vorder- und Rückseite des Rahmens die beiden weißen Baum-Bodenteile deckungsgleich befestigen. Den Weihnachtsmann zusammenkleben und im Rahmen fixieren. Von der Rückseite die doppelten Teile des Weihnachtsmannes deckungsgleich anbringen. Reh, Schlitten und Heu ausschneiden und beidseitig aufkleben.

Das soll für uns beide reichen?

Auf Vorder- und Rückseite des Futterhäuschens die Schneeflächen anbringen. An den beiden Vogelkörpern beidseitig Flügel, Schal, Schnabel, Auge und Hut bzw. Mütze ankleben. Zwischen die Vögel Körner kleben.

Vögel am Futterhäuschen

Auf das rote Kopf-Rumpfteil das Gesicht und die Haare kleben. Von hinten die rechte Hand anbringen. Das Gesicht mit Bleistift und rotem Farbstift aufzeichnen. Das Mädchen von hinten am Fenstersims fixieren. Der Weihnachtsbaum und der Umriß des Jungen sind ein Teil und werden von hinten am Fenster befestigt. Gesicht und Haare aufkleben. Das Futterhäuschen samt Schneedach auf dem Sims anbringen. Den Sims mit Schnee bedekken und den Baum mit Kerzen verzieren. Abschließend die Vögel ankleben.

Gleich ist Bescherung

Mit dem Weihnachtsmann beginnen. Auf Vorder- und Rückseite des roten Rumpfteils sämtliche Teile bis auf die Hand mit dem Ärmelaufschlag ankleben. Aus den beiden gleichen Baumteilen die ovalen Öffnungen herausschneiden. Den Weihnachtsmann zwischen die Baumteile kleben, daß er teilweise verdeckt wird. Die Päckchen und den Sack auf Vorder- und Rückseite befestigen.

„Gleich komm' ich auch raus!"

Aus der rechteckigen Hausfassade mit dem Messer zwei rechteckige Fensteröffnungen und eine bogenförmige Türfensteröffnung herausschneiden. Auf diese Öffnungen auf der Vorderseite weiße Sprossenfenster und die Haustür kleben. Zu beiden Seiten der Haustür zwei schmale, weiße Streifen und darüber das schneebedeckte Vordach anbringen. Ebenfalls auf der Vorderseite das Schneedach samt den Schornsteinen, die weißen Fenstersimse und den schneebedeckten Boden ankleben. Von hinten in den beiden Fenstern den Jungen und den Weihnachtsbaum fixieren. Nun kann die Hausrückseite analog zur Vorderseite gestaltet werden. Anschließend die kleine Tanne und die Vögel plazieren.

Wo der Weihnachtsmann wohnt

Haus:

Zwischen beide Schornsteinteile die Rauchwolke kleben. Den Schornstein durch das beidseitig aufgeklebte Schneedach am Haus fixieren. Aus der Hausfassade die Fensteröffnungen (durchgezogene Linien) herausschneiden. Die grünen Fensterrahmen samt -läden (gestrichelte Linien) sowie die Haustür auf der Vorderseite aufkleben. Bevor sie auch auf der Rückseite angebracht werden können, müssen die roten Vorhänge (punktierte Linien) eingelegt werden.

Weihnachtsmann:
Am roten Kopf-Rumpfteil (durchgezogene Linie) das Gesicht (punktierte Linie) durch das aufgeklebte Haar-Bartteil (gestrichelte Linie) fixieren. Die Hand von hinten am Armteil befestigen. Arm, Sack und weißer Mantelaufschlag am Weihnachtsmann ankleben.

Tannenbäume:
Jede Tanne besteht aus zwei braunen Stammteilen, zwischen die der Wipfel geklebt wird. Die beiden ebenfalls schneebedeckten Bodenteile umschließen den Stamm.

Sterne:
Jeweils zwischen zwei Sternteile einen Faden kleben. Die Sterne können entweder aus Goldfolie ausgeschnitten oder als Metallsterne im Fachhandel gekauft werden.

Hungrige Wintergäste

Von hinten den schneebedeckten Boden in den Rahmen kleben. In der Rahmenmitte das rote Vogelhäuschen mit dem schneebedeckten Dach befestigen. Von vorne die grüne Tanne und darauf den weißen Schneebelag anbringen. Die gesamte Rückseite mit Transparentpapier bekleben. Nun können die Vögel fixiert werden. Auf der Rückseite des Bildes sämtliche Teile spiegelverkehrt anordnen und den zweiten Rahmenteil aufkleben.

Bald ist es soweit

Den Hausumriß samt den Fensteröffnungen und der Türfensteröffnung ausschneiden. Auf Vorder- und Rückseite die Tür (gestrichelt) sowie die Schneeflächen am Boden und auf dem Dach kleben. Den Rauch am Kamin befestigen. Haar-Bartteil und weiße Mützenspitze des Weihnachtsmannes beidseitig aufkleben. Christbaum und Weihnachtsmann in die Fenster legen und beidseitig durch die schneebedeckten Fenstersimse fixieren. Die beiden Tannen sowie den Schlitten und den Hasen auf Vorder- und Rückseite anbringen.

Mit der Eisenbahn unterwegs

Auf das rote Kopf-Rumpfteil des Weihnachtsmannes das weiße Haar-Bartteil sowie das nierenförmige Gesichtsteil aufkleben. An die grüne Lokomotive von hinten die Dampfwolke, den Schnee, die Kohlen und schließlich den Weihnachtsmann kleben. Das Fensterbild umdrehen und die andere grüne Lokomotive paßgenau fixieren. Den oberen Schornsteinrand beidseitig mit einem roten Kartonstreifen verzieren. Jedes Rad besteht aus einer großen roten Kartonscheibe, auf die eine kleinere schwarze Scheibe geklebt wird. Für das Aufzeichnen einen Zirkel verwenden. Die Radien betragen 1,6 cm, 1,1 cm bzw. 0,8 cm und 0,4 cm. Die Räder auf Vorder- und Rückseite anbringen.